DIE KLEINEN LESEDRACHEN

Sabine Rahn, Nina Weber, Jens Gerdes

Geschichten für Mädchen zum Lesenlernen 1. Klasse

mit Bildern von
Florian Schmitt, Gabie Hilgert, Claudia K. Pfeiffer

Der unsichtbare Pony-Club 1

Prinzessin Pepita und die Kuchen-Monster 32

Max Mottes Abenteuer auf dem Bauernhof 64

Lösungen der Lese-Rallyes 96

Klett Lerntraining

Milli hat eine gute Idee 2

Lese-Rallye Teil 1 10

Der unsichtbare Pony-Club 12

Lese-Rallye Teil 2 18

Penni und Bella 20

Lese-Rallye Teil 3 30

Lösungen zu den Lese-Rallyes 96

Der unsichtbare Pony-Club

von Sabine Rahn
mit Bildern von Florian Schmitt

Milli hat eine gute Idee

Klara und Milli lieben Ponys.
Die beiden möchten
sooo gerne reiten lernen.

Aber Millis Eltern sagen:
„Reitstunden sind zu teuer!“
Und Klaras Eltern sagen:
„Reiten ist zu gefährlich!“

Sefa darf reiten lernen.
Aber er fährt lieber Fahrrad.

Milli fragt ihre Freunde:
„Wollen wir
einen Pony-Club gründen?“
„Au ja!“, ruft Klara sofort.

Aber Sefa fragt:
„Wieso einen Pony-Club?
Keiner von uns hat ein Pony!
Und keiner von uns kann reiten!“

„Na und? Unsere Ponys sind halt unsichtbar!“, sagt Milli.

„Wie blöd“, findet Sefa.
„Da mach ich nicht mit.“

„Schade!“, sagt Milli.
„Dein Pony wäre nämlich
ein schwarzes Indianer-Pony.“
„Ach, echt?“, fragt Sefa.

„Du könntest es sogar ohne
Sattel reiten“, erklärt Klara.
„Wahnsinn!“, sagt Sefa.
„Wann gründen wir den Club?“

Lese-Rallye: Teil 1

1

Welche Farbe soll
Sefas Pony haben?

- [ ] braun
- [x] schwarz
- [ ] weiß

2

Warum darf Klara
nicht reiten lernen?

- [ ] Es ist zu teuer.
- [x] Es ist zu gefährlich.
- [ ] Es ist zu langweilig.

Wer gehört zum
unsichtbaren Pony-Club?

- [ ] ein Mädchen und zwei Jungen
- [x] ein Junge und zwei Mädchen
- [ ] zwei Mädchen und zwei Jungen

3

Womit darfst du
Ponys füttern?

- [x] mit Pferdeäpfeln
- [ ] mit Apfelkuchen
- [ ] mit Apfelstücken

Der unsichtbare Pony-Club

Sie treffen sich nachmittags
in Sefas Baumhaus.
Sefa hat ein Pferdeposter
aufgehängt.

Klara hat
ein echtes Hufeisen dabei.
Und Milli bringt Zaumzeug mit:
Mamas Wäscheleine.

„Kommt, wir satteln jetzt unsere Ponys“, sagt Sefa.
„Du reitest doch ohne Sattel“, erinnert ihn Klara.

Sie fangen ihre Ponys ein:
Millis rotbraunes Basuto-Pony,
Klaras braunes Island-Pony
und Sefas schwarzes Pony.

Klaras Pony ist
ganz besonders wild.
Es steigt auf die Hinterbeine.
Aber Klara fällt nicht herunter.

Die Freunde reiten in den Wald.
Sie springen über Baumstämme
und wirbeln beim Galopp
Blätter auf.

Lese-Rallye: Teil 2

Wo trifft sich
der unsichtbare Pony-Club?

- [ ] in einem Indianerzelt
- [ ] in Millis Zimmer
- [x] in einem Baumhaus

Was bringt Milli als Zaumzeug mit?

- [ ] das Seil von Klaras Schaukel
- [x] die Wäscheleine von Millis Mama
- [ ] das Abschleppseil von Sefas Vater

Was ist das braune Pony?

- [ ] ein Inland-Pony
- [x] ein Island-Pony
- [ ] ein Irland-Pony

3

Was macht
Klaras wildes Pony?

- [x] Es steigt auf die Hinterbeine.
- [ ] Es macht Handstand.
- [ ] Es steigt auf einen Baum.

Penni und Bella

Irgendwann sind die Ponys müde.
Klara, Sefa und Milli steigen ab
und setzen sich ins Gras.
Auf einmal hören sie ein Wiehern.

„War das dein Pony, Klara?“,
fragt Milli erstaunt.
Klara schüttelt den Kopf.
„Meins auch nicht!“, sagt Sefa.

Jetzt hören sie Hufgetrappel.
Und schließlich sehen sie
ein geschecktes Pony und
eine kleine, schwarze Ziege.

„Ein echtes Pony!“,
flüstert Milli überrascht.
„Das müssen wir einfangen!“,
ruft Klara und springt auf.

Das Pony freut sich,
die Kinder zu sehen.
Und die kleine Ziege knabbert
zutraulich an Sefas Hose.

Milli knotet ihr Zaumzeug
an das Halfter des Ponys.
Jetzt hat sie es an der Leine.

„Ich reite es zu“, sagt Sefa
und will aufsteigen.
„Ich mach das!“, ruft Klara.
„Nein, ich will“, sagt Milli.

„Penni! Bella!“, ruft eine Frau.
Das Pony wiehert
Die Ziege meckert.
Die Kinder drehen sich um.

„Danke, dass ihr die beiden eingefangen habt“, sagt die Frau. „Ich habe zu wenig Zeit für sie. Darum reißen sie dauernd aus.“

„Dann kümmern wir uns um Penni
und Bella!“, schlägt Milli vor.
„Das wäre toll!“, sagt die Frau.
„Jetzt hat unser Club doch noch
ein echtes Pony!“, ruft Klara.

Lese-Rallye: Teil 3

1

Wie heißen die beiden Tiere?

- [ ] Benni und Pippi
- [x] Penni und Bella
- [ ] Penni und Bello

2

Warum streiten sich die Kinder?

- [ ] weil Sefa auf Klaras Pony reiten will
- [ ] weil keiner das echte Pony reiten will
- [x] weil alle drei das echte Pony reiten wollen

Warum reißen die Tiere so oft aus?

- [x] weil sie sich langweilen
- [ ] weil sie Hunger haben
- [ ] weil sie Durst haben

3

Wonach riechen unsichtbare Ponys?

- [ ] nach Heu
- [ ] nach Pferd
- [x] überhaupt nicht

Pepita will backen **34**

Lese-Rallye Teil 1 42

Ein Schloss aus Kuchenteig **44**

Lese-Rallye Teil 2 50

Pepitas Monster **52**

Lese-Rallye Teil 3 62

Lösungen zu den Lese-Rallyes 97

Prinzessin Pepita und die Kuchen-Monster

von Nina Weber
mit Bildern von Gabie Hilgert

Pepita will backen

Jeden Tag nach dem Unterricht
wird Prinzessin Pepita
von ihrem Leibwächter Georg
zurück ins Schloss gebracht.

Dort sitzt sie allein und traurig
und wünscht sich,
bei ihren Freundinnen zu sein.

Ihre Freundinnen treffen sich heute in der Bäckerei Brezel. Dort backen sie jeden Mittwoch Kuchen oder Kekse.

ZUCKER
MEHL

„Ich möchte auch backen“,
bittet Pepita ihre Eltern.

Dem König verrutscht
vor Schreck die Krone.
„Prinzessinnen backen nicht!“,
erklärt die Königin.

Da beschließt Pepita, zu lügen.
Das gefällt ihr zwar nicht.
Aber sie sieht
keinen anderen Ausweg.

„Mittwochs haben wir jetzt nachmittags Sport“, sagt sie. „Georg kann mich erst um 18 Uhr abholen!“

Lese-Rallye: Teil 1

Start

1

Wie heißt Pepitas Leibwächter?

- [ ] Frank
- [ ] Michael
- [ ] Georg

2

Was macht Pepita, um backen zu können?

- [ ] Sie lügt ihre Eltern an.
- [ ] Sie schwänzt die Schule.
- [ ] Sie lädt ihre Freundinnen ins Schloss ein.

Was sagt Pepita ihren Eltern?

- ☐ Mittwochs habe ich frei.
- ☐ Mittwochs habe ich Sport.
- ☐ Mittwochs habe ich Backstunde.

3

Was backen
die Mädchen
in der Bäckerei?

- ☐ Kekse und Knochen
- ☐ Kekse und Klapperschlangen
- ☐ Kekse und Kuchen

Ein Schloss aus Kuchenteig

Am nächsten Mittwoch wollen
die Mädchen ein Schloss backen.
Es soll Mauern haben,
Türme und einen Innenhof.

Wie gut, dass Pepita
eine waschechte Prinzessin ist.
Nur hat sie noch nie
etwas gebacken.

Eier fallen ihr aus der Hand,
Mehl wirbelt um sie herum.
Und das Rührgerät macht,
was es will.

Dann wird der Teig
aber doch fertig,
und die Mädchen schieben stolz
das Backblech in den Ofen.

Die Bauteile für das Schloss
werden nun gebacken.

Aber was ist das?
Die Mädchen sind entsetzt!

Die Teig-Mauern sehen aus
wie Kuhfladen.
Und alle Türme
sind zerbrochen.

Lese-Rallye: Teil 2

1

An welchem Tag backen die Mädchen?

- ☐ am Samstag
- ☐ am Mittwoch
- ☐ am Freitag

2

Wie reagieren die Mädchen auf das Back-Ergebnis?

- ☐ Sie sind wütend.
- ☐ Sie sind entsetzt.
- ☐ Sie freuen sich.

Wie backt Pepita?

- [ ] Sie backt wie ein Profi.
- [ ] Sie backt sehr ungern.
- [ ] Sie stellt sich etwas ungeschickt an.

3

Wie sehen die Teig-Mauern aus?

- [ ] wie leere Luftballons
- [ ] wie Kuhfladen
- [ ] wie Spiegeleier

Pepitas Monster

„Moment mal!“, ruft Pepita.
Sie nimmt zwei Kuchenstücke
vom Backblech
und betrachtet sie genau.

„Wenn man etwas Schokolade darübergießt und Lakritz-Schnecken aufklebt …“, murmelt sie.

Kurz darauf zeigt Pepita
den anderen Mädchen
das Ergebnis.
„Wir backen Monster!“

„Na klar!“
Jetzt sind alle mit Feuereifer bei der Sache.

Später bringt Leibwächter Georg
Pepita ins Schloss zurück.
Ihre Kuchen-Monster hat sie
in der Bäckerei gelassen.

„Wie siehst du denn aus?“,
fragt der König.
„Du duftest nach Kuchen!“,
ruft die Königin.

Pepita beichtet ihnen,
dass sie gelogen hat.
Doch ihre Eltern
sind zum Glück nicht böse.

„Diese Monster möchten wir
auch gerne sehen“, sagen sie.
„Back mit deinen Freundinnen
doch mal in der Schlossküche!“

Ein paar Tage später
bringt der Hoflieferant
Mehl, Eier, Zucker und Butter
und viele andere Zutaten.

Prinzessin Pepita und
ihre Freundinnen
feiern fröhlich
ein königliches Monster-Backfest.

Lese-Rallye: Teil 3

1

Wer bringt die Backzutaten ins Schloss?

☐ der König
☐ der Hoflieferant
☐ Pepitas Freundinnen

2

Wie riecht Pepita?

☐ nach Prinzessin
☐ nach Lakritze
☐ nach Kuchen

Welchen Vorschlag
machen Pepitas Eltern?

- ☐ Mittwoch wird Backtag für alle.
- ☐ Backen wird Unterrichtsfach.
- ☐ Backen in der Schlossküche.

3

Was braucht man
für den Monster-Teig?

- ☐ Gras, Gänseblümchen und Sand
- ☐ Mehl, Eier und Zucker
- ☐ Monsterschleim, Spinnenbeine und Fischflossen

Urlaub auf dem Land **66**
Lese-Rallye Teil 1 74

Gefahr im Kuhstall **76**
Lese-Rallye Teil 2 84

Der Plan **86**
Lese-Rallye Teil 3 94

Lösungen zu den Lese-Rallyes 98

Max Mottes Abenteuer auf dem Bauernhof

von Jens Gerdes
mit Bildern von Claudia K. Pfeiffer

Urlaub auf dem Land

Max Motte lebt
mit seinen Motteneltern
in einer großen Stadt.

Jede Nacht flattern sie
von einem Licht zum anderen.
Und in der Stadt gibt es
sehr viele Lichter!

Darum macht die Mottenfamilie
zur Erholung manchmal
Urlaub auf dem Land.
Dort ist es schön dunkel!

Sie besuchen Nora Nachtfalter,
die Großtante von Max.
Die wohnt in einem Kuhstall
auf einem Bauernhof.

Max fürchtet sich ein wenig
vor den riesengroßen Kühen.
Die machen laut „Muuuh“
und kauen die ganze Zeit.

„Fressen Kühe etwa auch
kleine Mottenkinder?“,
fragt Max seine Tante Nora.
Die Tante schüttelt den Kopf.

„Kühe mögen nur grünes Gras
und bunte Wiesenblumen“,
erklärt Tante Nora.
„Und im Stall auch Heu.“

Max flattert beruhigt
durch den Stall.
Aber er hält lieber doch
etwas Abstand zu den Kühen.

Lese-Rallye: Teil 1

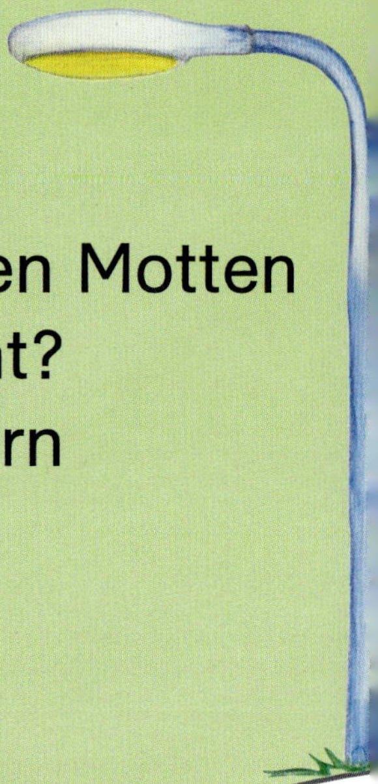

Start

1

Was machen Motten in der Nacht?

- [ ] schnattern
- [ ] flattern
- [ ] klettern

2

Was fressen Kühe gerne

- [ ] grüne Mottenkinder
- [ ] grünen Spinat
- [ ] grünes Gras

Warum fährt die Familie
in den Urlaub?

☐ In der Stadt gibt es zu wenig Licht.

☐ In der Stadt ist das Leben anstrengend.

☐ In der Stadt gibt es zu viele Vögel.

3

Wie heißt die Großtante
von Max Motte?

☐ Lola Lachfalte

☐ Dora Dachbalken

☐ Nora Nachtfalter

Gefahr im Kuhstall

Als Max im Stall herumflattert,
geht plötzlich die Tür auf.
Ein Mann schiebt eine Karre
mit duftendem Heu herein.

Max Motte liebt Heu!
Voller Eifer stürzt er sich
in den weichen, warmen Haufen.
Er gräbt sich tief hinein.

Auf einmal reißt der Bauer
mit einer großen Forke
ein Büschel Heu aus der Karre.
Und mittendrin kauert Max!

Der Bauer schleudert
die Ladung Heu auf den Boden.
Mühsam gräbt sich Max hervor.

Er erschrickt fürchterlich:
Ein riesiges Kuhmaul
bewegt sich genau auf ihn zu!

Mit einer fleischigen Zunge
leckt sich die Kuh die Lippen.
Max schlottern die Flügel.

Die Kuh schaut verdutzt drein.
„Geh bitte aus meinem Heu“,
sagt sie. „Von Futter wie dir
wird meine Milch sauer!“

Die Kuh blickt Max traurig an.
„Ich bin ohnehin
schon so lange nicht mehr
gemolken worden."

Lese-Rallye: Teil 2

Was leckt sich die Kuh?

- ☐ die Rippen
- ☐ die Lappen
- ☐ die Lippen

1

2

Was passiert,
wenn die Kuh Max frisst?

- ☐ Die Butter wird salzig.
- ☐ Die Milch wird sauer.
- ☐ Die Sahne wird bitter.

Was mag Max an Heu?

☐ Es ist flauschig und frisch.

☐ Es ist warm und weich.

☐ Es ist gemütlich und appetitlich.

3

Woher holt der Bauer das Heu?

☐ aus der Scheune
neben dem Stall

☐ aus dem Kühlschrank
in seiner Küche

☐ aus der Matratze
in seinem Schlafzimmer

Der Plan

Max weiß zwar nicht genau,
wie Melken überhaupt geht –
aber die Kuh vermisst es wohl.
Sie tut ihm leid.

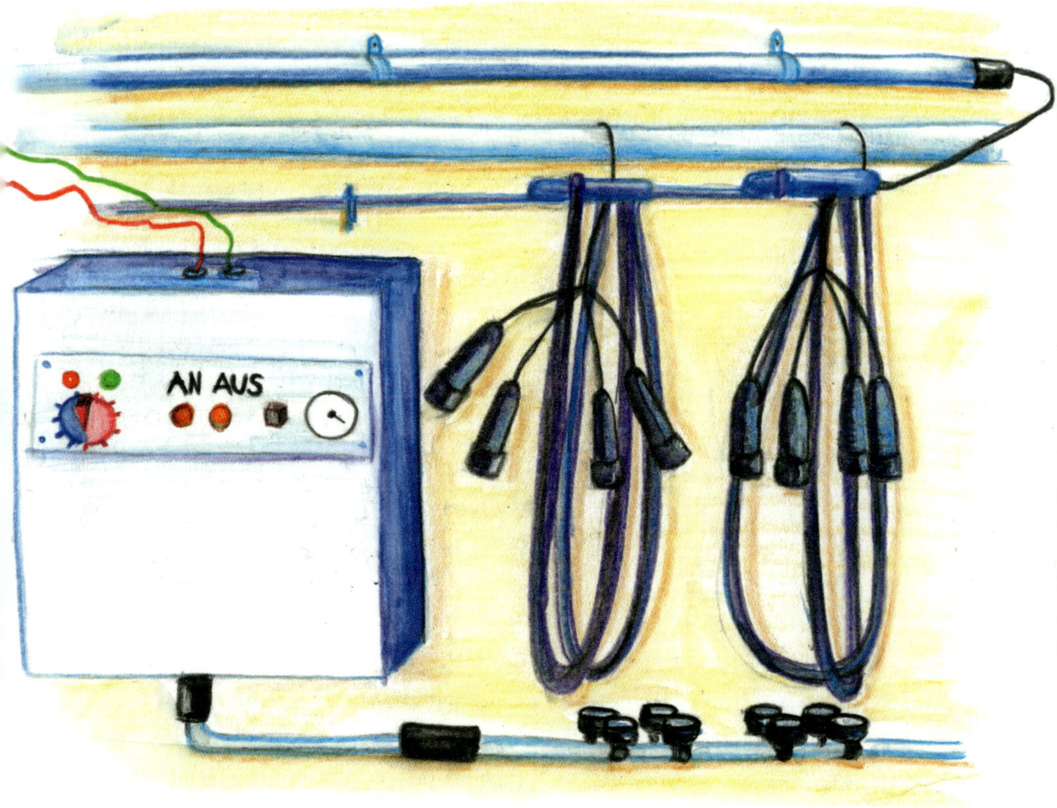

Da hat er eine Idee.
Der große Kasten an der Wand
mit den vielen Schläuchen
muss die Melkmaschine sein.

Max fliegt zu dem Bauern,
der Mist auf eine Karre lädt.
Er flattert ein wenig
vor dessen Gesicht herum.

Nun fliegt Max zu dem Kasten.
Der Bauer schaut ihm nach.
Dann folgt er Max langsam
zur Melkmaschine.

Er setzt die Melkbecher an
und schaltet die Maschine ein.
Der Plan ist gelungen!
Der Bauer fängt an zu melken.

„Muuuuuh“, ruft die Kuh.
Und es klingt gar nicht mehr bedrohlich für Max.

„Komm doch her“, ruft die Kuh.
„Setz dich in mein Stirnfell,
das ist weich und warm!“

Max flattert froh
zu seiner neuen Freundin.
Er wühlt sich in ihr Fell.
Das ist noch weicher als Heu!

Lese-Rallye: Teil 3

Was lädt der Bauer
auf die Karre?

- ☐ Mist
- ☐ Müll
- ☐ Milch

1

2

Warum ist die Kuh traurig?

- ☐ Sie wurde noch nicht gestreichelt
- ☐ Sie wurde noch nicht gemolken.
- ☐ Sie wurde noch nicht gefüttert.

Woran erkennt Max
die Melkmaschine?

- [ ] an den vielen Schläuchen
- [ ] Tante Nora hat sie ihm gezeigt.
- [ ] Er hat selbst schon gemolken.

Warum ist Max froh,
die Kuh zur Freundin zu haben?

- [ ] weil sie gemeinsam den Bauern ärgern können
- [ ] weil er in sie verliebt ist
- [ ] weil er keine Angst mehr vor ihr haben muss

Lösungen

Der unsichtbare Ponyclub

Lese-Rallye: Teil 1

1. schwarz
2. Es ist zu gefährlich.
3. ein Junge und zwei Mädchen

mit Apfelstücken

Lese-Rallye: Teil 2

1. in einem Baumhaus
2. die Wäscheleine von Millis Mama
3. ein Island-Pony

Es steigt auf die Hinterbeine.

Lese-Rallye: Teil 3

1. Penni und Bella
2. weil alle drei das echte Pony reiten wollen
3. weil sie sich langweilen

überhaupt nicht

Prinzessin Pepita

Lese-Rallye: Teil 1

1. Georg
2. Sie lügt ihre Eltern an.
3. Mittwochs habe ich Sport.

Kekse und Kuchen

Lese-Rallye: Teil 2

1. am Mittwoch
2. Sie sind entsetzt.
3. Sie stellt sich etwas ungeschickt an.

wie Kuhfladen

Lese-Rallye: Teil 3

1. der Hoflieferant
2. nach Kuchen
3. Backen in der Schlossküche.

Mehl, Eier und Zucker

Lösungen

Max Mottes Abenteuer

Lese-Rallye: Teil 1

1. flattern
2. grünes Gras
3. In der Stadt ist das Leben anstrengend.

Nora Nachtfalter

Lese-Rallye: Teil 2

1. die Lippen
2. Die Milch wird sauer.
3. Es ist warm und weich.

aus der Scheune neben dem Stall

Lese-Rallye: Teil 3

1. Mist
2. Sie wurde noch nicht gemolken.
3. an den vielen Schläuchen

weil er keine Angst mehr vor ihr haben muss